TABLEAUX

MODERNES

Mᵉ PAUL CHEVALLIER

COMMISSAIRE-PRISEUR

M. DURAND-RUEL

EXPERT

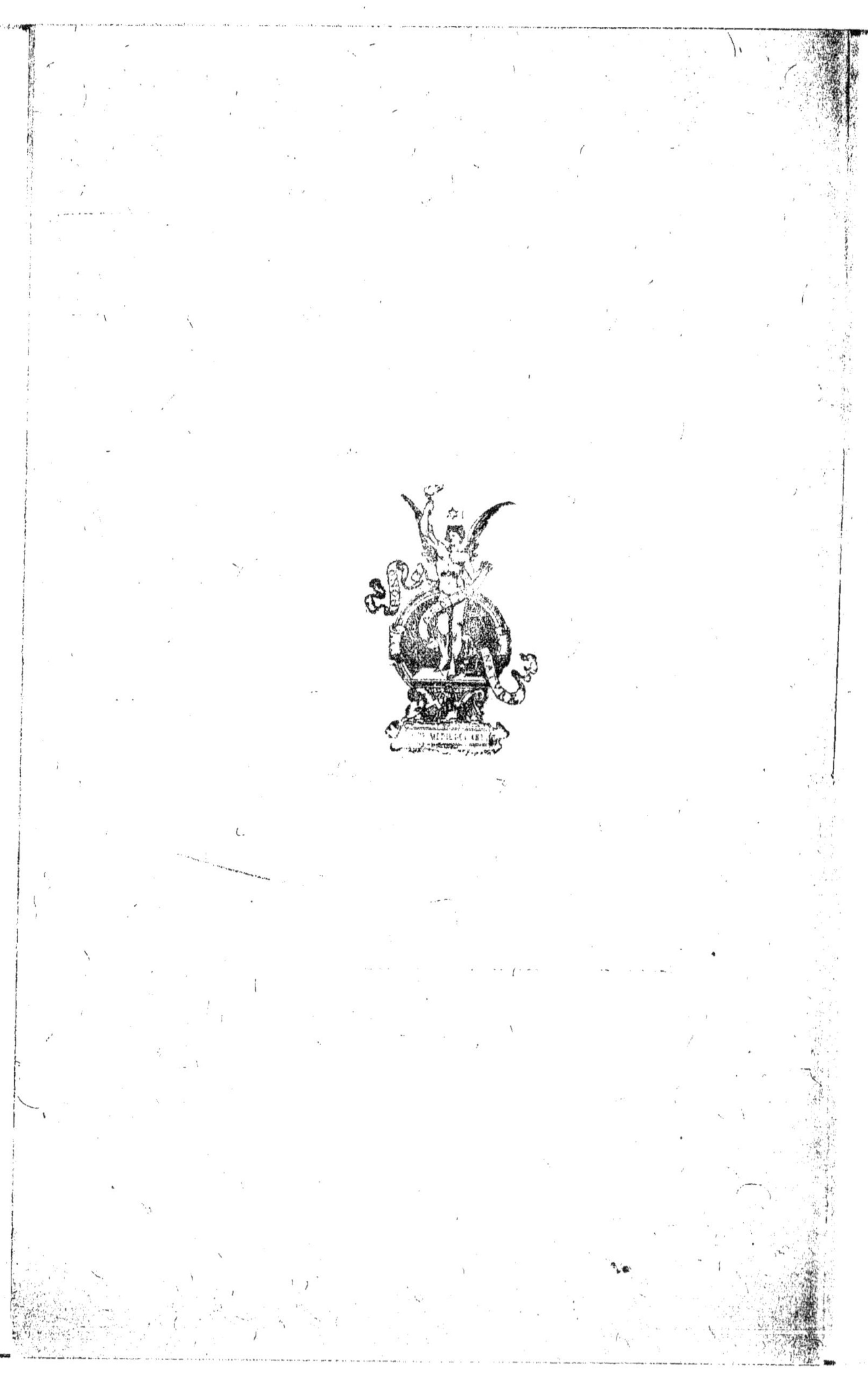

CATALOGUE

DE

TABLEAUX MODERNES

PAR

Rosa Bonheur, Bonnat, Bonvin, Boudin,
Corot, Degas, Detaille, Diaz, Jules Dupré, Fromentin,
Gérôme, Madrazo, Ribot, Roybet,
Troyon, Vollon, Ziem

DONT LA VENTE AURA LIEU

HOTEL DROUOT, SALLE N° 1

Le Vendredi 3 Mai 1895

à 2 heures 1/2

COMMISSAIRE-PRISEUR	EXPERT
Mᵉ PAUL CHEVALLIER	**M. DURAND-RUEL**
10, rue de la Grange-Batelière, 10	16, rue Laffitte, 16

EXPOSITION PUBLIQUE

Le Jeudi 2 Mai 1895, de 1 heure 1/2 à 5 heures 1/2

CONDITIONS DE LA VENTE

Elle sera faite au comptant.

Les acquéreurs payeront *cinq pour cent* en sus des adjudications.

Paris. — Imp. de l'Art, E. Moreau et Cᵢᵉ,
41, rue de la Victoire.

DÉSIGNATION

TABLEAUX MODERNES

ANDRIEUX
(A.)

1 — *L'Assaut.*

Signé à droite et daté 1850.

Bois. Haut., 25 cent.; larg., 35 cent.

BELLY

2 — *La Pêche à marée basse.*

Signé à gauche.

Bois. Haut., 30 cent.; larg., 45 cent.

BERCHÈRE
(N.)

3 — *Environs d'Étampes.*

Estampille de la vente Berchère.

Bois. Haut., 25 cent.; larg., 15 cent.

LE BLANT
(J.)

4 — *Sous la tonnelle.*

Signé à droite.

Toile. Haut., 55 cent.; larg., 45 cent.

ROSA BONHEUR

5 — *La Levrette.*

Signé à gauche et daté 1866.

Toile. Haut., 38 cent.; larg., 46 cent.

BONNAT
(L.)

6 — *Jeune Italienne.*

Signé à gauche et daté 1866.

Toile. Haut., 27 cent.; larg., 22 cent.

BONVIN
(F.)

7 — *Le Panier de prunes.*

Signé à gauche et daté 1866.

Toile. Haut., 32 cent.; larg.; 41 cent.

BOUDIN

(E.)

8 — *Plougastel.*

Sur la route qui longe le bord de la
mer, une paysanne conduit ses vaches.
Signé à droite et daté 71.

Toile. Haut., 36 cent.; larg., 59 cent.

BOUDIN

(E.)

9 — *Le Bassin de Deauville.*

Signé à gauche et daté.

Toile. Haut., 46 cent.; larg., 55 cent.

BOUDIN

(E.)

10 — *Les Barques.*

Signé à droite.

Bois. Haut., 18 cent.; larg., 22 cent.

BOUDIN

(E.)

11 — *Vaches au repos.*

Signé à droite.

Haut., 25 cent.; larg., 32 cent.

COROT

(C.)

12 — *Route boisée.*

Signé à gauche.

Bois. Haut., 25 cent.; larg., 44 cent.

DEGAS

13 — *Danseuses.*

Vue de face, une danseuse, aidée par ses compagnes, achève d'ajuster sa robe, tandis qu'une autre, s'appuyant à une chaise, est en train de se chausser.

Signé à gauche.

Toile. Haut., 62 cent.; larg., 50 cent.

DELORT

14 — *La Galère royale.*

Auprès d'une galère richement décorée, ornée de drapeaux, une gondole, accompagnée d'un orchestre, amène les passagers royaux. Quelques dames de la cour montent à l'échelle, tandis que des jeunes seigneurs, en costume Louis XIII, leur tendent la main.

Signé à droite.

Bois. Haut., 24 cent.; larg., 34 cent.

DIAZ
(N.)

15 — *Fillette.*

Vue en buste, vêtue d'un mantelet
noir à parements de fourrure, ses che-
veux blonds retenus par un ruban bleu.
Signé à droite.

Toile. Haut., 46 cent.; larg., 36 cent.

DIAZ
(N.)

16 — *L'Entrée de la forêt.*

Signé à gauche.

Bois. Haut., 26 cent.; larg., 40 cent.

DUPRÉ
(JULES)

17 — *Les Falaises du Crotoy.*

Signé à gauche.

Toile. Haut., 37 cent.; larg., 45 cent.

(*Vente Geoffroy-Dechaume.*)

DUPRÉ
(J.)

18 — *Bords de l'Oise, à l'Isle-Adam.*

Signé à gauche.

Bois. Haut., 24 cent.; larg., 30 cent.

DUPRÉ
(J.)

19 — *Le Berger.*

Signé à droite.

Bois. Haut., 15 cent.; larg., 25 cent.

DUPRÉ
(J.)

20 — *La Mare.*

Signé à droite.

Toile. Haut., 35 cent.; larg., 27 cent.

FROMENTIN

21 -- *Le Pillage.*

Signé à droite.

Bois. Haut., 32 cent.; larg., 41 cent.

GÉRÔME

22 — *Nymphe et amour.*

Signé à droite.

Toile. Haut., 35 cent.; larg., 27 cent.

GUILLAUMIN
(A.)

23 — *Le Parc Montsouris.*

Signé à gauche.

Toile. Haut., 55 cent.; larg., 46 cent.

GUILLEMET
(J. B. A.)

24 — *Paysage.*

Signé à gauche.

Bois. Haut., 18 cent.; larg., 27 cent.

ISABEY

25 — *Bateau de pêche.*

Signé à droite.

Toile. Haut., 40 cent.; larg., 30 cent.

LELEUX
(A.)

26 — *La Pêche.*

Signé à droite et daté 1857.
Salon de 1857.

Toile. Haut., 40 cent.; larg., 70 cent.

LELOIR
(M.)

27 — *Le Bouquet de fête.*

Signé à droite.

Bois. Haut., 32 cent.; larg., 23 cent.

LEYENDECKER

28 — *Tête de femme.*

Provient de la vente de l'artiste.

Toile. Haut., 34 cent.; larg., 25 cent.

MADRAZO

(R.)

29 — *Souvenir.*

Signé à droite.

Toile. Haut., 90 cent.; larg., 58 cent.

MICHAU

30 — *Le Repos des moissonneurs.*

Signé à gauche.

Bois. Haut., 27 cent.; larg., 29 cent.

MICHAU

(F.)

31 — *La Fête du village.*

Signé à droite.

Bois. Haut., 27 cent.; larg., 29 cent.

MONTICELLI

(A.)

32 — *La Fontaine.*

Assise sur un banc de pierre près
d'une fontaine, une jeune fille se mirant.
Autour d'elle ses compagnes s'associent
à sa coquetterie en de jolies attitudes de
grâce. Au fond à droite, une femme,
portant une cruche sur la tête, s'éloigne
de la fontaine et rencontre une autre
femme avec laquelle elle engage une
conversation.

Signé à droite : Monticelli.

Bois. Haut., 36 cent.; larg., 52 cent.

(*Vente Collier, Mai 1892.*)

MONTICELLI

33 — *Les Confidences amoureuses.*

Signé à gauche.

Bois. Haut., 34 cent.; larg., 25 cent.

OLIVE
(B.)

34 — *Un grain au golfe Saint-Laurent (Corse).*

Signé à gauche.

Toile. Haut., 47 cent ; larg., 65 cent.

PELOUSE

35 — *Paysage.*

Signé à droite.

Bois. Haut., 21 cent.; larg., 32 cent.

RIBOT
(TH.)

36 — *Buste de femme.*

Signé à gauche.

Toile. Haut., 46 cent.; larg., 38 cent.

RIBOT
(TH.)

37 — *La Tricoteuse.*

Signé à droite.

Toile. Haut., 46 cent.; larg., 38 cent.

ROYBET

38 — *Seigneur Louis XII.*

Vêtu d'un costume d'apparat, il ra-
mène d'une main les plis de son man-
teau, tandis que de l'autre il tient son
chapeau à larges bords.

Signé à droite.

Bois. Haut., 62 cent.; larg., 38 cent.

STEVENS

(A.)

39 — *Marine ; coucher de soleil.*

Signé à droite et daté 85.

Bois. Haut., 42 cent.; larg., 32 cent.

STEVENS

(ALFRED)

40 — *Marine.*

Signé à droite.

Bois. Haut., 24 cent.; larg., 15 cent.

TROUILLEBERT

41 — *Paysage.*

Signé à gauche.

Toile. Haut., 65 cent.; larg., 80 cent.

TROUILLEBERT

42 — *Paysage.*

Signé à gauche.

Toile. Haut., 32 cent.; larg., 40 cent.

TROYON

43 — *La Vallée de la Toucques.*

Estampille de la vente Troyon.

Toile. Haut., 58 cent.; larg., 80 cent.

VIGNON
(V.)

**44 — *L'Anse de la Torche, à Pos-*
*carn (Finistère).***

Signé à gauche.

Toile. Haut., 38 cent.; larg., 55 cent.

VIGNON
(V.)

**45 — *Le Chemin de Saint-Norbert,*
*à Hédouville.***

Signé à gauche.

Toile. Haut., 46 cent.; larg., 57 cent.

VOLLON
(A.)

46 — *La Ferme.*

Signé du monogramme à gauche.

Toile. Haut., 38 cent.; larg., 45 cent.

ZIEM

47 — *La Digue.*

Près de la digue, dont on aperçoit à droite les pilotis, un bateau de pêche est amarré.

Les pêcheurs rentrent leurs filets, tandis qu'au lointain se profilent les autres barques qui se hâtent de rentrer au port avant la tombée de la nuit.

Signé à droite.

Bois. Haut., 68 cent.; larg., 1 m. 08 cent.

PASTEL ET AQUARELLE

DETAILLE

48 — *La Charge.*

Lancé au grand galop, un officier, sàbre au clair, entraîne ses hommes au combat.

Signé à droite et daté 1891.

Aquarelle.

Haut., 78 cent.; larg., 56 cent.

TROYON

(C.)

49 — *Vaches à l'abreuvoir.*

Vers la droite d'une prairie est l'abreuvoir où viennent se désaltérer deux vaches, l'une noire, l'autre rouge.

Au premier plan quelques poules et un coq.

Signé à gauche.

Pastel.

Haut., 26 cent.; larg., 38 cent.

www.ingramcontent.com/pod-product-compliance
Lightning Source LLC
LaVergne TN
LVHW011010180726
843502LV00007B/2441